Búsqueda

Conversando contigo en mí…

Autor

Ligia Alverio Fragoso MPsy

***

Prefacio

Este libro está dirigido a ese ser humano que se siente de alguna forma estancado o quizás agobiado por alguna situación particular. Puede ser utilizado en forma de autoayuda, como parte del tratamiento de su paciente por el profesional de la salud mental o preventivo.

Los seres humanos en su naturaleza, experimentan emociones universales independientemente de su cultura o su nivel social o económico. La frustración, desolación, impotencia, incertidumbre son algunas de ellas. Aunque pueda variar la forma de expresarlas, no así su manifestación. Además, lo van a procesar de forma diferente: lo que para uno pueda ser el motor que lo impulse a continuar su vida, para otro puede ser el obstáculo que lo encierre en sí mismo, experimentando y luchando contra emociones negativas que lo llevan a detenerse.

Existe gran variedad de modelos terapéuticos y, por ende, gran infinidad de técnicas. Por otro lado, cada situación es particular por lo que no se puede dar por sentado que una técnica es mágica y que ayude en todos los casos por igual.

Sin embargo, sí se ha demostrado que encerrar resentimiento, coraje, tristeza no es saludable ni física ni emocionalmente. Es como un globo que, al llenarlo demasiado, explota y si no queremos que explote deberíamos vaciarle el aire poco a poco.

En otras palabras, es un denominador común el desahogarnos, independientemente de la situación particular o la cultura, la raza o el nivel social. Y para lograrlo realmente es imperioso estar mindfulness (presentes) con nosotros mismos.

En este libro se presenta una técnica sencilla para que ese globo no explote. El ser preventivos y desahogarnos gradualmente evitará repercusiones mayores tales como la necesidad de largas sesiones terapéuticas como fue la situación de nuestra paciente.

Nuestra obra presenta un libro dentro del libro. Esto es así ya que ella permitió compartirles uno de los que escribió durante su proceso terapéutico.

Su situación representa una de tantos seres humanos en el mundo que pueden estar experimentando lo que ella: sentirse atrapada en sí misma. Fueron muchos años de silencio, de dolor por lo que eso es lo que queremos prevenir mediante nuestra sencilla propuesta.

Su obra original fue escrita a mano, incluimos su portada y lo demás lo transcribimos en computadora.

Fluyendo libremente por sus emociones, estableció un diálogo consigo misma expresando su dualidad interna que se observa claramente en el dibujo que aparece en la portada de su libro.

Su dibujo es un árbol que tiene dos caras en su tronco que, a su vez, son las dos voces que discurren en el diálogo expresado en sus escritos. Escogimos presentar el primero ya que fue la puerta que la impulsó a hablar, a desahogarse. Lo tituló "Búsqueda" cómo representación del proceso de escudriñar en su interior en pos de auto descubrirse.

Hoy día se siente realizada, feliz y preparada para continuar, pero esta vez viendo cada situación como un proceso de crecimiento sin tener que acumularlo por años sino recurriendo a su papel, pinturas y música de fondo para desahogarse hasta ver la situación desde otra perspectiva. Al respecto, solo expresó: "solo lamento que si lo hubiese hecho antes me hubiese evitado muchas cosas".

El escribir o dibujar nos separa de la situación para poder verla mejor. En cierta forma, es como cambiarse de ventana para enfocar la situación desde otro ángulo o perspectiva.

Se propone con este libro introductorio invitar a que cada persona fluya y comience a escribir sobre sí mismo o misma, sin reglas, sin instrucciones previas: escribir por escribir. Puede ser a través de la prosa, la narración, el diálogo, cuento o a través de cualquier otro género literario o medio artístico y realice un viaje hasta su interior. Este proceso es libre, cada cual puede hacer modificaciones (encender velas, escuchar música, incienso, etc.). La regla básica es conectarse consigo mismo con todos sus sentidos en un lugar y momento en el cual no sea interrumpido. Respirar profundo varias veces con los ojos cerrados y teniendo los materiales a la mano, dejarse llevar por sus sensaciones. Puede que primero desee danzar, hacer trazos con pinceles en un lienzo o solo escribir y escribir. Lo importante es convertirlo en un hábito y para ello darse cita consigo mismo o misma a una misma hora y si es posible en un mismo lugar por tres semanas consecutivas y de ahí en adelante todas las veces que quiera o necesite. Estas son las únicas instrucciones:

"Olvídate de las reglas y viaja en tu interior, fluye con tus pensamientos y escribe o dibuja lo que se presente en tu mente. Si

deseas, cierra los ojos y escucha una música de fondo para que fluyas con su ritmo. Sin técnicas, sin frenos ni ataduras. No te preocupes por el producto final o si sabes escribir o dibujar, solo déjate llevar. Este puede ser el primer viaje de muchos en los cuales podrás sanar alguna herida o puede ser la puerta que te ayude a buscar y confiar en una ayuda profesional".

(Advertencia: Si sientes que tu situación es muy traumática o que tienes o has tenido pensamientos suicidas, no lo hagas solo. Llama al 911 o Emergencias Médicas del lugar donde vives. Busca ayuda y luego que te estabilices, el profesional que te atienda te diseñará un plan de tratamiento

para tu caso particular. Una vez estabilizado o estabilizada puedes regresar a tu papel, dibujos y música de fondo para que escribas el libro o libros de tu vida).

Si deseas compartir tu experiencia puedes escribir a nuestro correo electrónico:

Presenciaterapeutica@gmail.com o, en nuestro blog: Presencia Terapéutica en http://lafpr.blogspot.com

Espero realmente que lo disfrutes y que sobretodo sea de gran ayuda para ti o para alguien que desees ayudar.

***

Búsqueda

Conversando contigo en mí...

Fastidio de aún no entender

Se asoma una rama en la
ventana preguntando presurosa
de mi huida…

Y aún no puedo responder.

Me persigue entre lo verde el
rocío refrescante,

¿yo?, le animo a su blandura,

¿el?, se impregna en mi piel.

Me detiene en nota tenue…

Y aún no puedo responder.

Caminando el horizonte me detengo a su llamado,

Se conjura con la luna y me invitan a un por qué.

Asisto, pero es en vano.

Y aún no puedo responder.

Presuroso y atrevido sale el sol tras de las nubes,

Su calor me roba el vuelo en misterioso placer

Nuevamente yo le digo que:

"Y aún no puedo responder".

El viento, mi sabio amigo

Intenta mi proceder,

Ése vuela libremente,

Ése sabe mi por qué.

Yo le pregunto el murmullo y
aprendo a hablar con él

Esa frase, ¡que fastidio!

"Y aún no puedo responder".

?   ¿Quién?

Definición de mi adentro

Quisiera hoy encontrarla

Pero huye y se
desprende   ?

De las horas agitadas.

¿Calidad en lo incierto?

¿tristeza?

Aún no lo sé.

Calmada en el no ser por fuera,

Inquieta en el ser por dentro.

Con los ojos en otra

dimensión busca inquieta lo

verdadero, lo claro. Va pisando

cada piedra con firmeza (no

solo pasándoles por encima).

La clave de su virar y

continuar es el amor, ve en cada

detalle algo de donde agarrarse, ve importante cada momento.

Así continúa, dejando sus huellas por donde pasa, aunque en su interior la fuerza que ha usado para continuar haya dejado una marca mayor.

Una esperanza

Un día encontrarás de pronto,

en la vereda

La ruta que te lleve a ver de

nuevo el sol,

No creas permanente esta

obscura prisión.

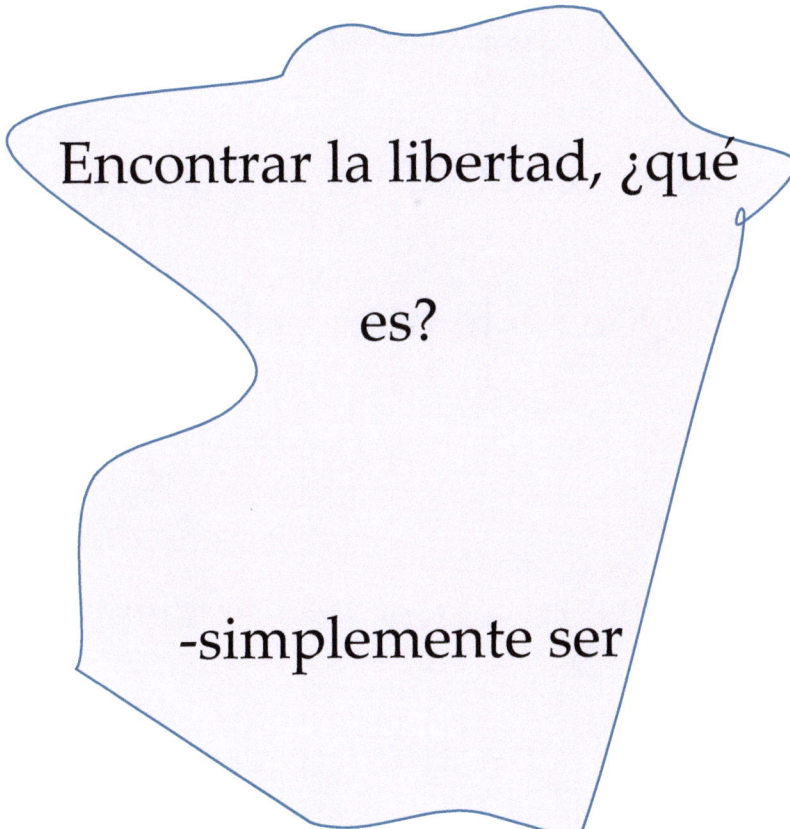

Encontrar la libertad, ¿qué

es?

-simplemente ser

En el mar

Sin ti vivo en la penumbra

Con la música del mar,

Con el viento resoplando

Que no te podré olvidar.

Lloré tu adiós sin ser vista,

Sufrí mi amargo penar,

Y sentí mis pasos vagando

Dirigidos hacia el mar.

Te he nombrado…

Y mis sentidos ya dormidos

Se han acordado del mar,

Ese mismo que ha llevado a

Mis sentidos tras tu andar.

Tú te has ido y

a mi soledad le pido

que me deje conversar

con tu voz que solo escucho

junto a las olas del mar.

Soledad

***

Soledad es…vivir y darme

cuenta del valor de morir de vez

en cuando junto a alguien.

———————————————

La soledad es la sabiduría que

verdaderamente nos hace vivir,

nos hace descubrir la simpleza y

la claridad y, según la medida

de nuestra soledad, podremos

enseñarle a nuestro compañero

de viaje, el valor incalculable de

amar.

Muerte de amor

***

Sola y triste voy vagando

Buscando en el aire tu mirada,

Pidiéndole al sol que me

devuelva

El tibio calor que tú me dabas.

Voy buscando en este mundo

La emoción que tus besos me

brindaban,

"No la encuentro", y me siento

vacía y desolada.

"No te siento", y mis ojos van

llorando mi nostalgia,

Mi nostalgia de quererte y no

tenerte,

Mi nostalgia de besarte y no

encontrarte.

Te querré a lo largo de mi

errante andar,

Y cada vez que un paso doy

Mi corazón va cesando de latir,

Porque mientras mi amor sigue

creciendo,

Mi vida empequeñece.

Incógnita

Incógnita de muerte,

De vida, mundo, espacio

Incógnita retorcida con

la espada de la nada, Por un

hada.

Incógnita de Dios, de diablo,

Sin saber en cuánto claman.

Incógnita de ti, de ellos, de mí,

Sin saber aún un por qué.

Incógnita de espíritus,

del sol y los planetas

rescatados de la nada.

Incógnita de ti, de ellos, de mí

Sin saber aún un por qué.

Inconcluso

***

Inconcluso el ser que nunca

llora,

Que cree amar y es sin darse,

Cree ser feliz sin reírse a

carcajadas,

Inconcluso y triste al creer ser

feliz

Y creer que ama,

Y no sabe que para llegar hay

que,

vivir y amar intensamente,

y llorar y reír

inconmensurablemente

para dejar de ser inconcluso.

Yo no he sido inconclusa,

por eso estoy sufriendo

inmensamente.

Locura de pájaros amarillos

***

Serenata de pájaros volando

En mi nota preferida

Trinos verdes y amarillos

Que anuncian alegría.

(…el ir al mundo logrado

Al Ser, junto al oro sol).

Canto porque vivo cerca del sol

En un cuadrito de esperanza

Brillo porque resplandezco de

amor,

Lloro porque la emoción llena

mis días,

Río porque intento ser pasión.

La noche

La noche sueña hilvanando

Anhelos y fuertes lazos,

Buscando unir en brazos

La humareda de senderos

Que han nacido de la vida.

Se ilumina con destellos

De unos ósculos de Dios

Y por momentos vuelve a su

natural obscuridad

Porque un rayo funde la

lámpara

Que alimenta la esperanza.

....

Subidas y bajadas,

alegrías y tristezas componen el

camino de la búsqueda.

Unas veces creyendo haber

llegado,

Otras sintiéndose perdido,

fracasado

Siendo toda una cadena de

sentimientos vividos

intensamente

Que nos hacen sentir cada soplo

del viento

Como uno nuestro,

Como si fuera solo un suspiro

Salido de nuestro ser.

Una nueva ilusión

La alegría ha llegado a mi

haciéndome nueva,

Logrando que yo entienda la

plenitud en la hora.

Maravilla resurgida

Esta vez por ti encontrada.

Final encuentro de la nota

Que me inspira realidades

Envueltas en sensaciones

Inspiradas en tu voz.

Destellos y mil fulgores

Que invaden mis escondites

Arrastrándome a ver el alba

Que en tus ojos vive ahogado.

Sensación final la primera la

del todo de tu encuentro

Esa que vive en tu adentro

Y te hace tierno amor.

Gracias por esta ilusión

De tenerte en mi encontrado.

¿Qué es vivir?

***

…es ver lo simple, lo claro,

buscar en lo profundo y palpar

la intensidad. Muchas veces

pensé que era simplemente

creer.

Pero…

¿creer?

Esta simple palabra me ha

hecho dudar y con la

Reflexión concluyo

Que en la duda esta lo real y lo

que suscita al dolor intenso pero

sabio de vivir en el...

...Torbellino

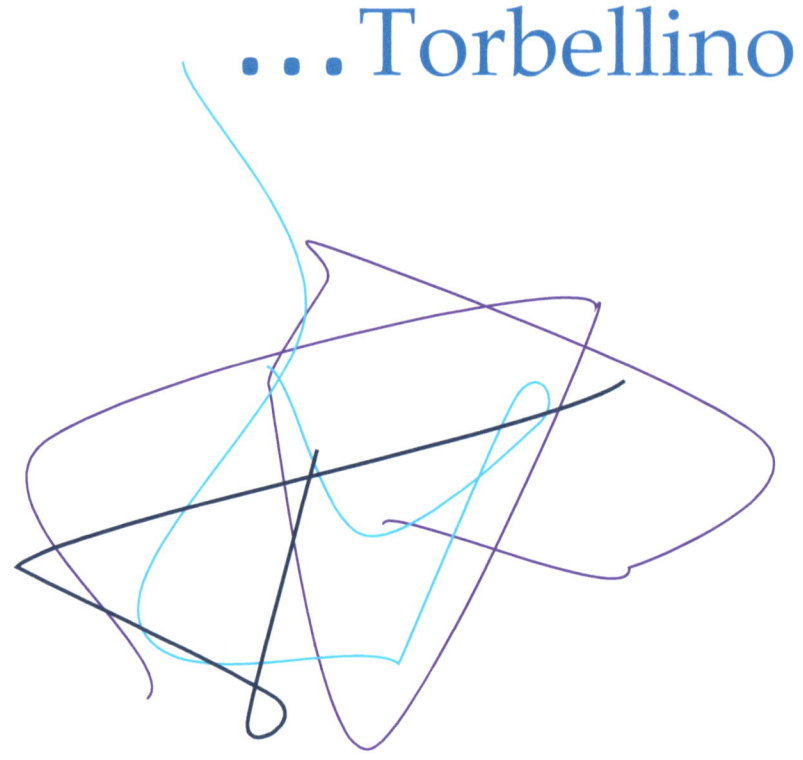

Incesante

Eterno clarear es la verdad

Que intenta lograr en mi la

vida

Que enciende mi loco girar

Y chocar, darme golpes,

Abrirme heridas…

Las nubes

Claro, puro y diáfano

Sentido amanecer

En presencia de las nubes

En busca del paisaje alegre,

Intentan buscar y cada esquina

Es para ellas la esperanza.

Su renacer interviene,

intentan un porque,

Crecen en melodía,

En la presencia del Ser,

Intensifica su nota

Creándose el vencer.

Acomplejadas por el Viento

Lloran su amargura,

Éste, les grita…y vuelven a

ver,

Esta vez emocionadas

En conjuro con lo verde.

Se desliza el agua en cascada

Hasta llegar al salvaje rio

Que aprende a amar entre

ciernes

El canto que cree perdido.

El camino

Claro destello del albor

Al sentido surgir de la razón,

Diáfana y pura sensación

De verdad absoluta y redención,

Llegada total del corazón

Al misterio eclipsado de

emoción.

Totalidad, claridad, pureza,

Limpieza sublime del color.

....

A veces, cuando he estado

dispuesta a observar, me he

dado cuenta que en la

obscuridad es que nace la luz y

en el misterio la paz…

Renacer

Se ha acabado el miedo

Porque poco a poco se ha

fundido

siendo solo uno,

intentando solo ser.

La forma y la miseria lo ha

aceptado,

Han aprendido de su paz

Renunciado a la falsedad.

Ya puede viajar en sensaciones,

Ha aceptado su por que

Y ahora vuelve a renacer.

Narración verdadera de un por que amanecido: Regreso-Reclamo

En un fugaz torbellino

comenzaron las notas

presentidas a fluir (mejor

dicho, se percató de su

presencia porque ellas desde

mucho antes habían estado ahí).

Calando en lo profundo de su

ser se fue dando cuenta poco a poco de lo primero; miró a su derredor muy lentamente para ver nuevas presencias que la llamaban incitantes.

Esta vez, sintiendo la pureza y sabiduría entretanto miraba a sus adentros. Luego caminó pisando las piedras firmemente, no solo pasando

sobre ellas, pero aún sin

alcanzar la fuerza totalmente.

Llegó de esta forma a un paraje,

donde había mucha luz; se

detuvo y recordó su infancia y

adolescencia hasta llegar a su

temprana edad adulta. Vio

y…observó cada momento de

vagar, luego de búsqueda-

encontrada, ahora de

encontrada-búsqueda. En esos

momentos volaba una reinita

alrededor de su cabeza y tuvo la

sensación de verlo todo

amarillo. Gritó desesperada al

sentir un leve encuentro, pero al

mismo tiempo teniendo miedo

de perderlo; conociéndolo se dio

cuenta de la verdad y saboreó

su esencia.

Siguió caminando

presenciando alegres, brillantes

amaneceres y musicales

anocheceres. El viento

haciéndole cosquillas a lo verde.

Todo era vida, nada pre-

fabricado, todo creado. Susurros
de amor y gritos de euforia;
sensaciones presentidas, pero
jamás soñadas en su plenitud.

Renacer en la tranquilidad,
en la serenidad. Fue llegando
aún sin darse cuenta a lo real, a
lo misterioso y claro; a la paz
totalizada.

El ser humano una vez en el paraje verde se desvistió de su forma poco a poco, esta vez dándose perfecta cuenta de lo que hacía.

Respiraba las flores mientras los animales le daban la bienvenida. Por un momento que le pareció eterno, trascendió más allá en un vuelo inicial:

sublime, perfecto, auténtico.

Quedó en completa

contemplación vivificadora.

"Vio" a lo lejos el reclamo y

al querer alzarse hacia él, no

pudo, aún la forma lo sujetaba.

Creyó estar preparada, pero en

sus adentros su miedo la

detenía. Aprisionó la esfera del color queriendo asirse a lo eterno; dudó de poder re-alcanzarlo, pero esta vez permanente.

De esta forma volvió atrás, dándole la espalda al reclamo que ya no veía pero que aún la esperaba. Se entregó nuevamente a la forma, pero

con una lucha interior incesante

porque ya había conocido el por

qué; ya había visto el reclamo

sintiendo la esencia.

Siguió errante, unas veces

creyendo encontrar, otras,

perdida en el humo negro

desesperante. No le hizo caso al

reclamo porque el miedo y la

indecisión de entregarse de una

vez la doblegaron. Quizás ella

no haya sentido así, pero éste

así lo percibió; sin palabras

huecas pertenecientes a lo

imperfecto, sino en sensaciones

unificadoras y sublimes.

Se queda la espera en el llamado, sabe que algún día volverá estando preparada. Solo protege su vuelta a la esencia real. Llegará será. Eternamente verá la paz.

Cuando vuelva la estará esperando el suspiro para bañarla de ilusión, la estará esperando el sol para iluminarla

de sabiduría; los ángeles traerán

las alas que la harán volar sobre

las sensaciones y los misterios

claros.

Todo queda en el lugar-

silencio, ella volvió a la lucha

incesante-conformidad-lucha

incesante.

Ya tiene asida la esfera del color, está la clave en su interior, si abre su estuche renacerá en el Amor, en la Serenidad.

Pero aún continúa su búsqueda...

Se da cuenta que continuará

moviéndose, impulsada por el

grado de perfectibilidad que

lleva adentro. Su vida será con

sentido, dándose cuenta de cada

paso. Ha aprendido que a pesar

de haber creído sentirse en lo

absoluto, existe un horizonte del

cual no sabemos nada y por lo

mismo en su camino podrá vivir

las cosas una a una sintiendo a

plenitud un solo momento,

dejando a un lado el todo,

siendo simple, sencillamente

una razón.

En cada faceta de su hora ha

nacido o ha muerto por eso su

búsqueda se hace tan latente y

se siente viva en cada emoción.

...el comienzo del Final...

Conversando contigo en mí...

Si has leído hasta aquí es que probablemente no quieres que nada te detenga en tu vida. En ocasiones nos podemos sentir derrotados y continuamos en nuestro día a día y quizás nadie lo note. Y hay otras tantas que vamos callando y callando tanto que ya, como la joven que nos compartió sus pensamientos, terminamos encerrados, sin voz. No permitas eso, habla, desahógate, llora. Añade a tu rutina el dialogar contigo mismo o misma.

Así es que busca esa música que te motiva, papel, lápiz o pincel y pinturas y comienza a conectarte con tu interior. Si decides hacerlo como un hábito, irás entrando más y más adentro y puede que hasta descubras emociones que pensaste que ya no estaban ahí. Podría explicarte el tecnicismo y la ciencia detrás de mi propuesta, sin embargo, por hoy considero que la simpleza de invitarte a escribir, a dibujar y danzar, basta…Solo, simplemente eso…

Conversando contigo en mí…

"Olvídate de las reglas y viaja en tu interior, fluye con tus pensamientos y escribe o dibuja lo que se presente en tu mente. Si deseas escucha una música de ondo para que te sumerjas con su ritmo. Sin técnicas, sin frenos ni ataduras. No te preocupes por el producto final o si sabes escribir o dibujar, solo déjate llevar. Este puede ser el primer viaje de muchos en los cuales podrás sanar alguna herida o puede ser la puerta que te ayude a buscar y confiar en una ayuda profesional".

Conversando contigo en mí...

Conversando contigo en mí...

***

www.ingramcontent.com/pod-product-compliance
Lightning Source LLC
Chambersburg PA
CBHW050809290526
45792CB00001B/40